AF483065

GOUVERNEMENT GÉNÉRAL DE L'INDOCHINE

———

PUBLICATIONS DE L'AGENCE ÉCONOMIQUE

———


III

# RÉGIME DOUANIER DE L'INDOCHINE

———

## LÉGISLATION ET TARIFS

———

*1<sup>er</sup> Octobre 1923*

AGENCE ÉCONOMIQUE DE L'INDOCHINE
20, *Rue La Boëtie*, 20
PARIS
—
1923

# PUBLICATIONS

DE

## L'AGENCE ÉCONOMIQUE DE L'INDOCHINE

Le régime douanier de l'Indochine est, dans l'ensemble, identique à celui de la France; toutefois, en vertu de la loi du 11 janvier 1892, des dérogations peuvent être apportées par décrets au tarif métropolitain de certaines marchandises. Il a été institué ainsi un tarif spécial à l'Indochine qui ne porte d'ailleurs que sur un nombre très restreint de rubriques, la plupart consacrées à des marchandises d'origine chinoise exclusivement destinées à la consommation des Asiatiques.

Le tableau des droits de sortie n'est pas plus développé; il n'affecte qu'une trentaine de rubriques et les droits sont trop modérés pour entraver les transactions avec l'extérieur.

Il convient, d'ailleurs, de remarquer que les marchandises françaises importées en Indochine en transport direct et accompagnées d'un passavant ou d'un acquit-à-caution régulier y sont admises en exemption de tous droits autres que les droits de consommation et de circulation intérieure; de même, les produits exportés de la colonie à destination de la France et des autres colonies françaises sont exonérés des droits de sortie. Enfin, à l'importation dans la métropole les marchandises du cru de l'Indochine, accompagnées d'un certificat d'origine sont admises en franchise, à l'exception des sucres, des mélasses, des produits sucrés et des poivres. Encore les poivres indochinois bénéficient-ils, jusqu'à concurrence d'un contingent annuel de 2.500 tonnes, d'une détaxe de 104 francs par 100 kilogs sur les droits des poivres étrangers.

On voit par ce qui précède que la législation en vigueur est extrêmement favorable au développement des relations économiques entre la France et sa grande colonie d'Extrême-Orient.

Il n'est perçu en Indochine aucune surtaxe d'entrepôt.

Le droit de statistique est applicable dans la colonie d'après les mêmes règles que dans la Métropole.

Il existe en outre, pour les marchandises expédiées sous le couvert du transit international à travers l'Indochine un droit égal au cinquième des droits d'importation. Ce droit est basé sur le tarif à l'importation antérieur à la mise en vigueur en Indochine des décrets du 28 mars 1921 et subséquents.

Les prohibitions d'importation et d'exportation sont actuellement limitées à un très petit nombre d'articles, savoir :

*A l'importation*, l'opium brut et officinal, le chanvre indien, les plants d'hévéas, les plants, boutures, feuilles et graines de canne à sucre, les plants et fragments de plants de caféiers, les cerises, graines et grains de café et, en général, tous produits susceptibles d'héberger le scolyte du grain de café; les alcools d'origine et de provenance étrangère, les produits chimiques et pharmaceutiques visés par l'article 2 de la loi du 7 novembre 1919, les contrefaçons en librairie et les monnaies d'argent.

*A l'exportation* l'opium brut ou officinal, l'or, le platine, et l'argent bruts en masses, lingots, barres, poudre, objets détruits, les contrefaçons en librairie, les armes de guerre, les papiers représentatifs de la monnaie et les monnaies d'or, d'argent, de cuivre et de billon, les bâtiments de mer.

Certaines de ces prohibitions ne sont, du reste, pas absolues et des dérogations peuvent y être apportées par le Gouvernement Général.

Le tarif minimum ne joue pas pour les articles qui sont repris aux rubriques du tarif spécial en Indochine. Nous donnons ci-après la liste des pays bénéficiant, en Indochine, du tarif minimum ou de régimes spéciaux.

En résumé, à l'importation les produits étrangers importés en Indochine sont soumis aux mêmes droits que s'ils étaient importés en France. Des décrets en forme de règlements d'administration publique déterminent les produits qui, par exception à cette disposition, sont l'objet d'une tarification spéciale (art. 3 et 4 de la loi du 11 janvier 1892). A l'exportation, les droits qui, dans la Métropole, frappent certaines marchandises ne sont pas applicables en Indochine s'ils n'ont pas fait l'objet de décrets spéciaux à la Colonie. Il en est de même pour les interdictions à la sortie.

Dans les tableaux qui suivent nous nous bornons donc à publier le relevé de ces exceptions avec l'indication des textes qui les ont établies.

# TABLEAU DES DROITS DE DOUANE

## PERÇUS EN INDOCHINE PAR DÉROGATION AU TARIF MÉTROPOLITAIN

## IMPORTATION

Les produits étrangers importés en Indochine sont soumis aux mêmes droits que s'ils étaient importés en France. Des décrets en forme de règlements d'administration publique déterminent les produits qui, par exception à cette disposition, sont l'objet d'une tarification spéciale (Art. 3 et 4 de la loi du 11 janvier 1892).

L'application des coefficients n'a pas pour effet de modifier la base de la tarification au brut, au net ou au demi-brut, telle qu'elle résulte des tarifs de 1892 et subséquents.

| MATIÈRES ANIMALES | TARIF GÉNÉRAL | TARIF MINIMUM | COEFFICIENTS | UNITÉS SUR LESQUELLES PORTENT LES DROITS | TITRES DE PERCEPTION |
|---|---|---|---|---|---|
| **CHAPITRE Ier** <br> **ANIMAUX VIVANTS** <br> Toutes rubriques du chapitre. | Exempts | Exempts | » | | Décret du 29 décembre 1898 |
| **CHAPITRE II** <br> **PRODUITS ET DÉPOUILLES D'ANIMAUX** <br> Lait (même stérilisé ou peptonisé sans concentration).................. | Exempt | Exempt | « | | Idem |
| Lait concentré (1) additionné de sucre dans la proportion de 50 % et plus.. | 65 fr. (2) | 26 fr. (3) | | 100 k. net | Circ. N° 3632 du 22 nov. 1906. |
| Lait concentré additionné de sucre dans la proportion de moins de 50 %..... | Moitié des droits du sucre raffiné plus 45 fr. (4). | « | | 100 k. net | Loi du 11 janv. 1892 et du 21 nov. 1906. |
| Lait concentré additionné de sucre dans la proportion de moins de 40 %.... | » | 40 % des droits du sucre raffiné plus 6 fr. (5). | | 100 k. net | Idem |
| Lait concentré additionné de sucre dans la proportion de 40 % inclusivement à 50 % exclusivement............ | » | Moitié des droits du sucre raffiné plus 6 fr. (6). | | 100 k. net | Idem |
| Farine Lactée (1) additionnée de sucre. | Mêmes droits que le lait concentré sucré selon la proportion de sucre. | | | | |
| Nids d'hirondelles................. | 100 fr. | 100 fr. | | 100 k. net | décembre 1898. |

(1) La tarification spéciale du lait concentré sucré et de la farine lactée sucrée en Indochine n'est pas la conséquence d'une dérogation par décret à la loi du 11 janvier 1892. Elle résulte de ce fait que les taxes de consommation incorporées dans le droit de douane de la métropole ne sont pas perçues dans la Colonie.

(2) Droit du sucre raffiné : 20 fr. + droit fixe de 45 fr. = 65 fr.

(3) Droit du sucre raffiné : 20 fr. + droit fixe de 6 fr. = 26 fr.

| MATIÈRES ANIMALES ET VÉGÉTALES | TARIF GÉNÉRAL | TARIF MINIMUM | COEFFICIENTS | UNITÉS SUR LESQUELLES PORTENT LES DROITS | TITRES DE PERCEPTION |
|---|---|---|---|---|---|
| **CHAPITRE III**<br>**PÊCHES** | | | | | |
| Poissons secs, salés ou fumés autres que les morues, stockfischs, harengs, maquereaux, sardines et anchois...... | 10 fr. | 10 fr. | | 100 kil. brut | Décret du 29 décembre 1898 |
| Crevettes sèches, biches de mer, ailerons de requins, algues marines.... | 10 fr. | 10 fr. | | 100 kil. brut | Idem |
| **CHAPITRE VI**<br>**FARINEUX ALIMENTAIRES** | | | | | |
| Vermicelle chinois................. | 10 fr. | 10 fr. | 2 | 100 kil. brut | Idem |
| Légumes secs d'origine chinoise...... | 5 fr. | 5 fr. | | 100 kil. brut | Idem |
| Pommes de terre.................... | Exemptes | Exemptes | | » | Idem |
| **CHAPITRE VII**<br>**FRUITS ET GRAINES** | | | | | |
| Fruits de table frais d'origine chinoise. | Exempts | Exempts | | » | Décret du 10 octobre 1908. |
| Fruits de table secs ou tapés n'ayant pas de similaires en Europe........ | 5 fr. | 5 fr. | | 100 kil. brut | Idem |
| Graines à ensemencer.............. | Exemptes | Exemptes | | » | Décret du 29 décemb. 1898. |
| Noix d'arec fraîches............... | 8 fr. | 8 fr. | 2 | 100 kil. brut | Idem |
| Noix d'arec sèches................. | 15 fr. | 15 fr. | 2 | 100 kil. brut | Idem |
| **CHAPITRE VIII**<br>**DENRÉES COLONIALES DE CONSOMMATION** | | | | | |
| Sucres des colonies et possessions françaises en poudre et raffinés (candis et autres) (7).................... | Exempts | Exempts | | » | Loi du 11 janvier 1892. |
| Sucres étrangers en poudre dont le rendement présumé au raffinage est de 98 % au moins (8)............... | 19 fr. 50 | 19 fr. 50 | 2,5 | 100 k. net poids effectif (11) | Décrets des 21 août et 19 octobre 1903. |

(4) Droit total 55 francs ($\frac{20}{2} + 45 = 55$).

(5) Droit total 14 francs ($\frac{20 \times 40}{100} + 6 = 14$).

(6) Droit total 16 francs ($\frac{20}{2} + 6 = 16$).

(7) On ne considère comme produits des colonies et possessions françaises que ceux qui sont importés directement.

| MATIÈRES VÉGÉTALES | TARIF GÉNÉRAL | TARIF MINIMUM | COEFFICIENTS | UNITÉS SUR LESQUELLES PORTENT LES DROITS | TITRES DE PERCEPTION |
|---|---|---|---|---|---|
| Mêmes sucres étrangers plus de 98 p. 100 (8)................ | 20 fr. 00 | 20 fr. 00 | 2.5 | 100 k. net poids effectif (11) | Décrets des 21 août et 19 octobre 1903. |
| Sucres étrangers raffinés candis et autres (8)................ | 20 fr. 00 | 20 fr. 00 | 2.5 | Idem | Idem |
| Sucres noirs dits galettes chinoises. | 17 fr. 00 | 17 fr. 00 | | 100 k. net | Décret du 26 août 1904. |
| Sirops, bonbons, fruits confits au sucre des colonies et possessions françaises (7)................ | Exempts | Exempts | | » | Loi du 11 janvier 1892. |
| Sirops, bonbons, fruits confits au sucre des pays étrangers autres que la Chine (8)................ | 20 fr. 00 | 20 fr. 00 | 3 (sur le droit de douane du sucre) | 100 k. net | Idem |
| Sirops, bonbons, confitures au sucre d'origine chinoise................ | 1/2 droit du tarif métropolitain, soit 10 fr. (10). | | 2 | Idem | Décret du 29 décemb. 1898. |
| Biscuits sucrés des colonies et possessions françaises (7)............ | Exempts | Exempts | | » | Loi du 11 janvier 1892. |
| Biscuits sucrés des pays étrangers (9).. | 28 fr. 00 | 24 fr. 00 | 3 (11 *bis*) | 100 k. net | Idem |
| Confitures au sucre ou au miel des colonies et possessions françaises (7).. | Exemptes | Exemptes | | » | Idem |
| Mêmes confitures des pays étrangers (9)................ | 10 fr. 00 | 10 fr. 00 | 3 (11 *ter*) | 100 k. net | Idem |
| Bétel................ | 15 fr. 00 | 15 fr. 00 | | 100 k. brut | Décret du 29 décemb. 1898. |
| Tabacs en feuilles d'origine chinoise (12)................ | 50 fr. 00 | 50 fr. 00 | | 100 k. net | Décret du 10 octobre 1908. |
| Tabacs en feuilles d'autres provenances étrangères................ | 100 fr. 00 | 100 fr. 00 | | 100 k. net | Idem |
| Côtes de tabacs pour engrais........ | Exemptes | Exemptes | | » | Idem |
| Tabacs fabriqués : | | | | | |
| Cigares et cigarettes de toutes provenances étrangères (12)............ | 250 fr. 00 | 250 fr. 00 | 5 | 100 k. net | Idem |
| Tabacs préparés d'origine chinoise (12) | 70 fr. 00 | 70 fr. 00 | 5 | Idem | Décret du 22 novemb. 1911 |
| Tabacs préparés d'autres provenances étrangères (12)................ | 250 fr. 00 | 250 fr. 00 | 5 | Idem | Décret du 10 octobre 1908. |

(8) La Convention de Bruxelles ayant été dénoncée par la France, les anciens droits ont été majorés de 14 francs par 100 kilogrammes.

(9) Par suite de la dénonciation par la France de la Convention de Bruxelles, les anciens droits ont été majorés de 7 fr. par 100 kilogrammes.

(10) Le droit métropolitain s'entend ici net des taxes intérieures non applicables à l'Indochine.

(11) « Poids effectif » est pris ici par opposition à « Poids de sucre raffiné », mode de perception appliqué en France à certains sucres.

(11 *bis*) Sur la portion du droit total représentant le droit de douane du sucre, soit 10 francs, et celui de la farine, soit 8 francs.

(11 *ter*) Sur la portion du droit total représentant la moitié du droit de douane du sucre de 20 francs.

| MATIÈRES VÉGÉTALES | TARIF GÉNÉRAL | TARIF MINIMUM | COEFFICIENTS | UNITÉS SUR LESQUELLES PORTENT LES DROITS | TITRES DE PERCEPTION |
|---|---|---|---|---|---|
| **CHAPITRE IX**<br>**HUILES ET SUCS VÉGÉTAUX** | | | | | |
| Opium brut ou préparé (13)........ | Prohibé | Prohibé | | » | Décret du 29 décemb. 1898. |
| **CHAPITRE X**<br>**ESPÈCES MÉDICINALES** | | | | | |
| Espèces médicinales d'origine extra-européenne destinées à la fabrication des essences et parfums.......... | Exemptes (15) | Exemptes (15) | » | » | Décret du 30 juin 1921. |
| Espèces médicinales d'origine extra-européennes autres................ | 60 fr. | 60 fr. | 6 | 100 k. net | Idem |
| Feuilles et fleurs de chanvre indien (Cannabis indica)............... | Prohibées | Prohibées | | » | Décret du 3 novemb. 1910 |
| **CHAPITRE XI**<br>**BOIS** | | | | | |
| Bois de chêne, de pin et de teck...... | Exempts | Exempts | | » | Décret du 10 octobre 1908. |
| **CHAPITRE XII**<br>**FILAMENTS, TIGES ET FRUITS À OUVRER** | | | | | |
| Chanvre peigné................... | Exempt | Exempt | | » | Décret du 29 décemb. 1898. |
| Bambous bruts ou simplement fendus | 6 fr. 00 | 6 fr. 00 | | 100 k. brut | Idem |
| Rotins entiers ou fendus........... | Exempts | Exempts | | » | Idem |
| **CHAPITRE XIV**<br>**PRODUITS ET DÉCHETS DIVERS** | | | | | |
| Légumes frais de toutes sortes, d'origine chinoise................... | Exempts | Exempts | | » | Décret du 26 août 1904. |

(12) Indépendamment des droits de douane, les tabacs importés en Indochine sont assujettis à la taxe de circulation intérieure fixée par les arrêtés du 19 avril 1906 et du 17 octobre 1921 aux tarifs suivants :

1° Tabacs en feuilles ou coupés non préparés pour être chiqués ou fumés................ 0 p. 20 par kilo.
2° Tabacs de qualité inférieure préparés pour être fumés ou chiqués, en vrac ou en ballots. 0 p. 30 —
3° Tabacs dits chinois.................................... 0 p. 75 —
4° Tabacs préparés pour être fumés ou chiqués, en boîtes ou paquets sous bandes, ou revêtus d'étiquettes ou de marques de fabrique, et cigarettes........................... 1 p. 25 —
5° Cigares.......................................... 2 p. 55 —

Les tabacs indigènes rendus impropres à la consommation humaine et destinés à la préparation de la décoction antiparasitaire des poivriers sont exonérés de la taxe de circulation (arrêtés des 8 juillet 1903 et 30 août 1906).

Les tabacs mis en vente en Indochine sont assujettis au contrôle par vignettes. Pour les tabacs importés, les vignettes sont apposées au bureau des douanes (arrêtés du 20 juin 1921).

(13) L'opium brut et officinal est prohibé à l'importation par le décret du 16 juillet 1919. Voir aussi l'arrêté du 18 octobre 1921 du Gouverneur Général.

| MATIÈRES VÉGÉTALES | TARIF GÉNÉRAL | TARIF MINIMUM | COEFFICIENTS | UNITÉS SUR LESQUELLES PORTENT LES DROITS | TITRES DE PERCEPTION |
|---|---|---|---|---|---|
| Ail ............................. | 8 fr. oo | 8 fr. oo | | 1oo k. brut | Décret du 29 décemb. 1898. |
| Plants entiers ou fragments de plants, de boutures ou de feuilles de canne à sucre, à l'état vert ou à l'état sec, graines de cannes à sucre (14)...... | Prohibés | Prohibés | | » | Arrêté du 17 mai 1921 du Ministre des Colonies. |
| Plants d'hévéas ................. | Prohibés | Prohibés | | » | Arrêtés des 7 juin 1910 et 4 juillet 1911 du Gouverneur général et arrêté du 19 juin 1914 du Ministre des Colonies. |
| Plants et fragments de plants de caféiers, cerises de café fraîches ou sèches, graines en parche et grains de café décortiqués, frais ou secs et non grillés, terre, composts, sacs, caisses et emballages ayant servi au transport des articles précédemment énumérés, graines, plantes entières et fragments de plantes, notamment les hibiscus et les ronces (Rubus), susceptibles d'héberger le scolyte du grain de café (Stéphanodores coffea S. Hampei). | Prohibés | Prohibés | | | Arrêté du 27 février 1922 du Ministre des Colonies. |
| Poudres à jossticks................. | 15 fr. oo | 15 fr. oo | | 1oo k. brut | Décret du 29 décemb. 1898. |

## CHAPITRE XV

### BOISSONS

| MATIÈRES VÉGÉTALES | TARIF GÉNÉRAL | TARIF MINIMUM | COEFFICIENTS | UNITÉS SUR LESQUELLES PORTENT LES DROITS | TITRES DE PERCEPTION |
|---|---|---|---|---|---|
| Bière ......................... | 12 fr. oo | 12 fr. oo | | 1oo k. brut | Décret du 26 août 1904. |
| Boissons distillées (17) : Alcools d'origine et de provenance étrangère ..................... | Prohibés (16) | Prohibés (16) | | » | Décret du 8 juillet 1919. |
| Vins parfumés chinois.............. | 20 fr. oo | 20 fr. oo | 2 | L'hectolitre de liquide | Décret du 29 décemb. 1898. |

(14) La prohibition n'est absolue que pour certaines provenances (voir l'arrêté).

(15) A charge d'être dirigées sur une fabrique d'essences et parfums et mises en œuvre sous la surveillance du Service des Douanes.

(16) La prohibition ne s'applique ni aux alcools étrangers déclarés à Haïphong pour le transit à destination du Yunnan (décret du 23 mars 1920), ni aux liqueurs.

(17) Les alcools sont frappés en Indochine d'une taxe de consommation intérieure ainsi fixée : alcools européens : une piastre vingt centièmes par litre d'alcool pur; vins de Chine, alcools parfumés, liqueurs à base d'alcool de riz, alcools vieillis et, en général, tous les alcools indigènes de luxe : cinquante centièmes de piastre par litre d'alcool pur; alcools ordinaires non rectifiés préparés pour la consommation des indigènes : trente centièmes de piastre (arrêté du 17 octobre 1921); alcools destinés à un usage industriel et dénaturés suivant les procédés indiqués au titre IV de l'arrêté du 20 décembre 1902 et au tableau y annexé : un centime par litre d'alcool pur (arrêté du 20 décembre 1920).

Les boissons hygiéniques ayant une force alcoolique égale ou inférieure à douze degrés (vins, cidres, poirés, à condition qu'ils soient le produit naturel de la fermentation de fruits frais, bière, hydromels, etc.), sont exonérés en Indochine de toute taxe de consommation (art. 47 de l'arrêté du 18 octobre 1921).

Les vins de liqueur acquittent la taxe des alcools rectifiés sur les quantités totales d'alcool qu'ils contiennent (art. 48 de l'arrêté du 18 octobre 1921).

Les médicaments à base d'alcool, les alcools neutres et les vins de liqueur destinés à leur préparation sont exonérés de la taxe de consommation.

Sont exclus de l'exonération les alcools neutres vendus en nature, les liqueurs dites de ménage, les préparations ayant à la fois le caractère de produits pharmaceutiques et de produits de parfumerie ou d'hygiène, tels que eau de Cologne, dentifrices, lotions capillaires, eaux de toilette, etc. (art. 49 de l'arrêté du 18 octobre 1921).

Les médicaments exonérés de la taxe de consommation sont, limitativement, dénommés ci-après :

Pepto-fer Jaillet (Élixir au peptonate de fer).
Boldo-Verne (Teinture de Boldoa-Fragans).

Elixirs de Mialhe et de Boudault (à la pepsine).
Elixir Monavon (à la kola).
— de Guillié (à la scammonée, au jalap Xa).
— de Virginie (t. c. hamamelis virginica et capsicum brasil).
Vin Aroud (au quina, fer, viande).
— de Bugeau (au cacao).
— de Catillou (à la peptone).
— de Chassaing (pepsine et diastase).
— de Deschiens (à l'hémoglobine).
— de Désiles (au kola, coca, iode et phosphate de chaux).
— de Dusart (au lacto-phosphate de chaux).
— de Lavoix (au quina et phosphate de chaux).
— de Mariani (à la coca).
— de Monavon (à la kola).
— de Vial (au quina et phosphate de chaux).
— de Vivien (à l'extrait d'huile de foie de morue).
— de Nourry (à l'iode et au tanin).
Iodoforme.
Salol.
Salicylate de soude.
Teinture d'arnica.

Bovinine.
Chlorodyne.
Extraits ou elixirs d'eucalyptus.
Extraits alcooli-ques de : alétria farineuse.
coudrier.
racine de Thapsia.
coca.
Rob-Lechaux.
Coaltar saponiné Le Bœuf.
Salsepareille parisienne de Grimault.
Quina Laroche..
Elixir Godineau.
Vin Jamet (au glycéro-phosphate de chaux).
Elixir de Grimault (à la pepsine).
— de Boldo-Verne.
— de Papéine Trouette-Perret.
— Toni-radical au Colombo de Blottierre.
Vin urané de Pesqui.
— d'Anduran.
— de Bravais au quinquina.
— Quinium Labarraque.
Vin de Peptone Chapoteaut.
Elixir vital de Quentin.
— de Gaïacol Dégoulet.
— de Bonjean.
— de Bravais.

Un certain nombre de produits médicinaux, à base d'alcool dénaturé, échappent à la taxe de consommation des alcools dénaturés; ce sont les produits suivants :

| DÉSIGNATION DES PRODUITS ADMIS A LA DÉTAXE | PROPORTION d'alcool imposable en principe | | DATES DES DÉCISIONS Comité des Arts et Manufactures |
|---|---|---|---|
| Aconitine | 30.00 c. | par kilo. | 31 janvier 1883. |
| Atropine | 25.00 | — — | — — |
| Brucine | 25.00 | —— — | — —— |
| Caféine | 15.00 | — — | —. — |
| Chloral et hydrate de chloral | 1.22 | — —— | 5 avril 1882 et 31 janvier 1883. |
| Chloroforme | 2.00 | —— — | 18 septembre 1867 et 31 janvier 1883. |
| Cicutine, çonine, conicine | 10.00 | — —— | 31 janvier 1883. |
| Collodion (18) | 1.19 | par litre. | —— — |
| Diastase | 10.00 | par kilo. | —— — |
| Digitaline | 30.00 | —— — | — — |
| Elatérine | 10.00 | — — | — — |
| Emétine | 20.00 | —— — | —— — |
| Ergotine de Bonjean | 5.00 | — — | — — |
| Escrine (sulfate) | 20.00 | — — | — — |
| Esérine cristallisé | 25.00 | — — | — — |
| Ether simple ou sulfurique | 22.00 | — — | 31 février 1866 et 31 janvier 1883. |
| Ether bromhydrique (bromure d'éthyle) | 1.00 | —— — | 25 octobre 1882. |
| Ether iodhydrique (iodure d'éthyle) | 1.00 | — — | — —— |
| Ether nitrique | 2.00 | — — | — — |

(18) Si le collodion importé ne contient pas au moins de 12 à 15 gr. de pyroxiline par litre, ou s'il renferme plus de 50 cl. d'alcool par litre, il doit être frappé du droit de consommation de l'alcool ordinaire. La base de la perception reste fixée, même dans ce cas, à un litre 19 d'alcool par litre de collodion.

| DÉSIGNATION DES PRODUITS ADMIS A LA DÉTAXE | PROPORTION d'alcool imposable en principe | DATES DES DÉCISIONS Comité des Arts et Manufactures |
|---|---|---|
| Éther chlorydrique (19) | 2.50 | — |
| Éther chlorydrique chloré (19) | 6.00 | — |
| Éther composé (acétique oenautique) | 1.25 | 13 mars 1878 et 31 janvier 1883. |
| Éther butyrique et toutes les essences de fruits | 1.00 | 31 janvier 1883. |
| Éthylate de soude (alcool sodé) | 1.50 | 25 octobre 1882. |
| Extraits alcooliques divers | 7.00 | 31 janvier 1883. |
| Fulminate de mercure | 7.20 | 30 octobre 1872 et 31 janvier 1883. |
| Hyoscyamine cristallisée | 20.00 | 31 janvier 1883. |
| Jalapine | 6.00 | — |
| Nicotine | 5.00 | — |
| Pelletiérine | 10.00 | — |
| Pilocarpine et ses sels | 15.00 | — |
| Résine de scammonée blanche | 10.00 | — |
| Résine de Jalap blanche | 10.00 | — |
| Santonine | 20.00 | — |
| Savons transparents | 0.30 | 23 juillet 1873 et 31 janvier 1883. |
| Strychnine | 5.00 | 31 janvier 1883. |
| Sulfovinates, | 2.00 | — |
| Tannin | 2.00 | 8 août 1877 et 31 janvier 1883. |
| Valérianate de quinine | 5.00 | 31 janvier 1883. |
| Valline | 10.00 | — |
| Vératrine | 20.00 | — |

(19) La solution alcoolique d'éther chlorhydrique est passible du droit de consommation de l'alcool ordinaire.

| MATIÈRES MINÉRALES ET FABRICATIONS | TARIF GÉNÉRAL | TARIF MINIMUM | COEFFICIENTS | UNITÉS SUR LESQUELLES PORTENT LES DROITS | TITRES DE PERCEPTION |
|---|---|---|---|---|---|
| **CHAPITRE XVI** **MARBRES, PIERRES, TERRES COMBUSTIBLES, MINÉRAUX, etc.** | | | | | |
| Pierres de construction ouvrées ou non | Exemptes | Exemptes | | » | Décret du 26 décemb. 1898 |
| Huiles minérales de toute espèce..... | 4 fr. oo (20) | 4 fr. oo (20) | | 100 k. brut | Idem |
| **CHAPITRE XVIII** **PRODUITS CHIMIQUES (22)** | | | | | |
| Sel marin, sel de saline et sel gemme : bruts ou raffinés autres que blancs.. | 2 fr. 40 (21) | 2 fr. 40 (21) | | 100 k. brut | Loi du 11 janvier 1892. |
| Raffinés blancs.................. | 3 fr. 30 (21) | 3 fr. 30 (21) | | 100 k. brut | Idem |
| **CHAPITRE XXI** **COMPOSITIONS DIVERSES** | | | | | |
| Sauces et autres préparations culinaires non dénommées, d'origine chinoise ........................... | 10 fr. oo | 10 fr. oo | | 100 k. brut | Décret du 10 octobre 1908. |
| Médicaments composés à l'usage des Asiatiques, ne figurant pas dans une pharmacopée officielle, en vrac.... | 60 fr. oo | 60 fr. oo | 6 | 100 k. net | Décret du 26 août 1904. |
| Les mêmes en boîtes et en flacons.... | 150 fr. oo | 150 fr. oo | 6 | 100 k. net | Décret du 29 décemb. 1898. |
| Extraits de chanvre indien et toutes préparations dérivées du chanvre indien (cannabis indica), non destinés aux pharmacies européennes...... | Prohibés | Prohibés | | » | Décret du 3 novemb. 1910 Décret des 29 déc. 1898 et 18 fév. 1909 |
| Jossticks préparés................ | 15 fr. oo | 15 fr. oo | 3 | 100 k. brut | |
| **CHAPITRE XXII** **POTERIES** | | | | | |
| Poteries ordinaires d'origine chinoise | 6 fr. oo | 6 fr. oo | 3 | 100 k. brut | Décret du 26 décemb. 1898. |

(20) Les huiles minérales propres à l'éclairage sont frappées en Indochine d'une taxe de consommation intérieure de deux piastres et vingt centièmes de piastre par 100 kilogs brut (arrêté du 17 octobre 1921). Consulter l'arrêté du 11 juin 1912 sur l'importation et la mise en entrepôt des huiles minérales.

(21) Les droits de douane sur le sel (marin, de saline ou sel gemme) sont les mêmes que dans la métropole, mais en Indochine, il est perçu en outre une taxe de consommation de deux piastres vingt-cinq centièmes de piastre par quintal métrique (art. 15 de l'arrêté du 18 octobre 1921). Les sels destinés à la nourriture des bestiaux, à la préparation des engrais, à l'amendement direct des terres, au désherbage des routes ainsi que les sels destinés à l'industrie sont, à la condition d'être dénaturés de manière à ne pouvoir servir à l'alimentation humaine, exonérés de la taxe de consommation (art. 20 de l'arrêté du 18 octobre 1921).

(22) L'importation des alcaloïdes de l'opium (à l'exception de la codéine), de leurs sels et de leurs dérivés, de la cocaïne, de ses sels et de ses dérivés, de la diacetylmorphine et de ses sels, de l'extrait d'opium, du haschich et de ses préparations et de la morphine et de ses sels, ne peut être autorisée qu'au profit exclusif des pharmaciens diplômés et de certains laboratoires et établissements scientifiques.

| FABRICATIONS | TARIF GÉNÉRAL | TARIF MINIMUM | COEFFICIENTS | UNITÉS SUR LESQUELLES PORTENT LES DROITS | TITRES DE PERCEPTION |
|---|---|---|---|---|---|
| Faïences ordinaires d'origine chinoise | 10 fr. | 10 fr. | 3 | 100 k. brut | Décret du 29 décemb. 1898 |
| Porcelaines communes blanches ou décorées d'une seule couleur, dessin ordinaire, épaisseur de moulage assez forte, pâte opaque ou à transparence à peine sensible, d'origine chinoise .......................... | 10 » | 10 » | 4 | Idem | Idem |

### CHAPITRE XXIV

#### FILS

| FABRICATIONS | TARIF GÉNÉRAL | TARIF MINIMUM | COEFFICIENTS | UNITÉS SUR LESQUELLES PORTENT LES DROITS | TITRES DE PERCEPTION |
|---|---|---|---|---|---|
| Fils de coton pur, simples, écrus, mesurant au kilogramme 31.000 mètres ou moins.................... | 34 fr. 50 (A) | 23 fr. 00 (B) | 4 | 100 k. { A net / B brut | Décret du 30 juin 1911. |
| Les mêmes, plus de 31.000 mètres, pas plus de 41.000 mètres.............. | 42 fr. 00 (A) | 28 fr. 00 (B) | 4 | 100 k. { A net / B brut | Idem |
| Fils de soie à broder, écrus ........ | 200 » | 200 » | | 100 k. net | Décret du 29 décemb. 1898 |
| Fils de soie à broder, teints ........ | 300 » | 300 » | | 100 k. net | Idem |

### CHAPITRE XXV

#### TISSUS

| FABRICATIONS | TARIF GÉNÉRAL | TARIF MINIMUM | COEFFICIENTS | UNITÉS SUR LESQUELLES PORTENT LES DROITS | TITRES DE PERCEPTION |
|---|---|---|---|---|---|
| **Tissus de jute** — pur, présentant en chaîne et en trame, dans un carré de 5 centimètres de côté après division du total par 2 (1) : | | | | | |
|   Écrus, 50 fils et au-dessous.. | 15 » | 10 » | | 100 kil. | Décret du 7 janvier 1922. |
|   Écrus plus de 50 fils........ | 30 » | 20 » | | 100 kil. | Idem |
|   Crémés, blanchis ou teints ou mélangés de fils écrus, crémés, blanchis ou teints.... | Droits des tissus écrus, augmentés de : 7 50 aux 100 kil. | 6 » aux 100 kil. | | » | Idem |
|   Imprimés .................. | Droits des tissus crémés, blanchis ou teints, augmentés de : 9 » aux 100 kil. | 6 » aux 100 kil. | | » | Idem |
| mélangé, le jute dominant en poids | Régime des tissus de jute pur | | | » | Idem |
| Sacs neufs ou usagés : | | | | | |
|   Importés vides ............ | Droits des tissus qui les composent augmentés de : 10 p. 100 | 10 p. 100 | | » | Idem |
|   Importés pleins (2 et 3).... | Moitié des mêmes droits. | | | » | Idem |
| Semelles en fils de jute.......... | 26 » | 20 » | | 100 kil. | Idem |
| Passementerie, rubanerie ....... | 104 » | 80 » | | 100 kil. | Idem |

(1) Dans le compte des fils de chaîne, comme dans celui des fils de trame, les fractions de fil sont négligées.

(2) Lorsqu'une marchandise est importée dans plus d'un sac, un seul acquitte le demi-droit; les autres payent le droit entier. Pour les sacs pleins, la liquidation pourra avoir lieu sur le poids résultant du calcul de la tare légale.

(3) Les sacs contenant des sels potassiques ou autres produits chimiques destinés à l'agriculture, sont affranchis du demi-droit.

| FABRICATIONS | TARIF GÉNÉRAL | TARIF MINIMUM | COEFFICIENTS | UNITÉS SUR LESQUELLES PORTENT LES DROITS | TITRES DE PERCEPTION |
|---|---|---|---|---|---|
| **Tissus de jute** Tapis ras ou à poils............ | 48 fr. | 32 fr. | | 100 kil. | Décret du 7 janvier 1922. |
| Velours et peluches pour ameublement et imitation de fourrure.. | | | | | |
| Ecrus ................... | 98 » | 65 » | | 100 kil. | Idem |
| Blanchis, teints ou imprimés... | 120 » | 80 » | | 100 kil. | Idem |
| Tissus de soie d'origine chinoise...... | 200 » | 200 » | 4 | 100 k. net | Décret du 29 décemb. 1898 |
| Broderies à la main ou à la mécanique, de toute nature, d'origine chinoise. | 500 » | 500 » | 4 | Idem | Idem |
| Vêtements chinois en soie, non brodés | 300 » | 300 » | 4 | Idem | Idem |
| Vêtements chinois en soie, brodés.... | 800 » | 800 » | 4 | Idem | Idem |

## CHAPITRE XXVI

### PAPIER ET SES APPLICATIONS

| FABRICATIONS | TARIF GÉNÉRAL | TARIF MINIMUM | COEFFICIENTS | UNITÉS SUR LESQUELLES PORTENT LES DROITS | TITRES DE PERCEPTION |
|---|---|---|---|---|---|
| Papier et enveloppes chinois de toute nature autres que ceux portant annonces ou réclames commerciales ou autres ..................... | 20 » | 20 » | 4 | 100 k. brut | Décret du 10 octobre 1908. |
| Papier destiné au culte............ | 20 » | 20 » | 3 | Idem | Idem |
| Albums à images ou images simples de Chine ................... | 15 » | 15 » | 3 | Idem | Décret du 29 décemb. 1898 |
| Journaux et écrits périodiques chinois | Prohibés | Prohibés | | » | Arrêté du 10 janvier 1916. |
| Cartes à jouer asiatiques ou autres (22 bis) ..................... | 1.000 fr. 00 | 1.000 fr. 00 | 4 | 100 k. net | Décret du 29 décemb. 1898 |
| Eventails, parapluies, ombrelles en papier ou bambous ou bois, panneaux en papier d'origine chinoise...... | 15 fr. 00 | 15 fr. 00 | 3 | 100 k. brut | Idem |

## CHAPITRE XXVII

### PEAUX ET PELLETERIES OUVREES

| FABRICATIONS | TARIF GÉNÉRAL | TARIF MINIMUM | COEFFICIENTS | UNITÉS SUR LESQUELLES PORTENT LES DROITS | TITRES DE PERCEPTION |
|---|---|---|---|---|---|
| Souliers chinois ................ | 0 fr. 125 | 0 fr. 125 | 3 | La paire | Décret du 10 octobre 1908. |
| Malles et oreillers dits de Canton en peau ou en cuir factice............ | 18 fr. 00 | 18 fr. 00 | 3 | 100 k. brut | Décret du 29 décemb. 1898 |

(22 bis) Les cartes à jouer asiatiques acquittent une taxe de circulation de 30 piastres par 100 kilogs net. Les cartes à portraits français ou étrangers sont assujetties à une taxe de circulation de quatre centièmes de piastre par jeu de 32 cartes et de six centièmes de piastre par jeu de 52 cartes (arrêté du 16 février 1922).

| FABRICATIONS | TARIF GÉNÉRAL | TARIF MINIMUM | COEFFICIENTS | UNITÉS SUR LESQUELLES PORTENT LES DROITS | TITRES DE PERCEPTION |
|---|---|---|---|---|---|
| Bourses en cuir de Chine et autres articles de cuir, d'origine et de fabrication chinoises .............. | 18 fr. 00 | 18 fr. 00 | 3 | 100 k. brut | Décret du 29 décemb. 1898 |
| **CHAPITRE XXVIII** <br> **OUVRAGES EN MÉTAUX** | | | | | |
| Monnaies d'argent................. | Prohibées | | | » | Décret du 3 juin 1903. |
| Machines agricoles (moteurs non compris), destinées à la culture du riz, machines accessoires destinées à la préparation de cette denrée........ | 15 fr. 00 | Exemptes | | 100 k. brut | Décret du 30 juin 1911. |
| Machines complètes, montées ou démontées, destinées à l'extraction de l'or (moteurs non compris)........ | 8 fr. 00 | 8 fr. 00 | | Idem | Décret du 30 nov. 1907. |
| Caisses et bidons en fer blanc ayant servi au transport des huiles minérales ...................... | 26 fr. 00 | Exempts | | Idem | Décret du 30 juin 1911. |
| Boîtes et caisses en fer blanc ayant servi au logement des produits alimentaires ..................... | Exemptes | Exemptes | | » | Décret du 3 juin 1903. |
| **CHAPITRE XXIX** <br> **ARMES, POUDRES ET MUNITIONS** | | | | | |
| Poudres à tirer et cartouches de chasse chargées ..................... | 10 % (23) ad valorem | 10 % (23) ad valorem | | Valeur | Décret du 29 décemb. 1898 |
| Artifices pour divertissements........ | 400 fr. 00 (24) | 100 fr. 00 (24) | 1,6 | 100 k. net | Loi du 11 janvier 1892. |
| Artifices et pétards d'origine chinoise. | 30 fr. 00 (25) | 30 fr. 00 (25) | ,4 | 100 k. brut. | Décret du 26 août 1904. |
| **CHAPITRE XXXI** <br> **OUVRAGES EN BOIS** | | | | | |
| Sabots chinois................... | 2 fr. 50 | 2 fr. 50 | 3 | 100 k. brut. | Décret du 29 décemb. 1898 |

(23) En France, la poudre à tirer et les cartouches de chasse pleines sont prohibées. En Indochine, ces articles paient en sus du droit de douane, une taxe de consommation de cinquante centièmes de piastre par kilo pour les poudres noires, de une piastre et cinquante centièmes pour les poudres pyroxylées, de cinq piastres par cent kilos pour les cartouches chargées à la poudre noire, et de sept piastres et cinquante centièmes pour les cartouches chargées à la poudre pyroxylée (arrêté du 21 novembre 1913).

(24) Les droits de douane sont les mêmes qu'en France, mais il est perçu en sus une taxe de consommation de quatre piastres par cent kilos.

(25) Plus une taxe de consommation de quatre piastres par cent kilos.

| FABRICATIONS | TARIF GÉNÉRAL | TARIF MINIMUM | COEFFICIENTS | UNITÉS SUR LESQUELLES PORTENT LES DROITS | TITRES DE PERCEPTION |
|---|---|---|---|---|---|
| Baguettes à manger, articles en bambou et en racine, tamis en bambou et en crin, plateaux, dessus de table, dominos, peignes, machines à compter, cuvettes, malles en bois ordinaire ou en bois de camphre vernies ou non, éventails et autres ouvrages en bois d'origine chinoise, panneaux en bambou peints ou non........ | 8 fr. 00 | 8 fr. 00 | 3 | 100 k. brut | Décret du 29 décemb. 1898 |
| Articles laqués de Chine............ | 20 fr. 00 | 20 fr. 00 | 4 | 100 k. brut | Idem |
| **CHAPITRE XXXII** | | | | | |
| **INSTRUMENTS DE MUSIQUE** | | | | | |
| Instruments de toute sorte d'origine chinoise : | | | | | |
| En bois ................. | 10 fr. 00 | 10 fr. 00 | 4 | 100 k. brut | Décret du 29 décemb. 1898 |
| En métal ................. | Régime du métal ouvré au Tarif général | | | » | Idem |
| **CHAPITRE XXXIII** | | | | | |
| **OUVRAGES DE SPARTERIE ET DE VANNERIE** | | | | | |
| Nattes de Chine................. | 3 fr. 00 | 3 fr. 00 | 6 | 100 k. brut | Idem |
| Chapeaux chinois en écorces, paille ou jonc, articles en rotin, bonnets chinois en crin................. | 5 fr. 00 | 5 fr. 00 | 3 | Idem | Idem |
| Sacs en paille pour emballage........ | 2 fr. 50 | 2 fr. 50 | | Idem | Idem |
| Cordages en rotin................. | 2 fr. 50 | 2 fr. 50 | | Idem | Idem |
| Bottes et souliers chinois en paille.... | 5 fr. 00 | 5 fr. 00 | 3 | Idem | Idem |
| Meubles en rotin et bambou, d'origine chinoise ................. | 5 fr. 00 | 5 fr. 00 | 3 | Idem | Décret du 26 août 1904. |
| **CHAPITRE XXXIV** | | | | | |
| **OUVRAGES EN MATIÈRES DIVERSES** | | | | | |
| Coques de bâtiments en fer ou en acier, d'un jaugeage brut de moins de 200 tonneaux ................. | 30 fr. 00 | 30 fr. 00 | | Le tonneau de jauge | Décrets des 29 décemb. 1898 et 26 août 1904. |
| Coques de bâtiments en bois d'un jaugeage brut de 200 tonneaux et plus. | 40 fr. 00 | 40 fr. 00 | | Idem | Idem |

| FABRICATIONS | TARIF GÉNÉRAL | TARIF MINIMUM | COEFFICIENTS | UNITÉS SUR LESQUELLES PORTENT LES DROITS | TITRES DE PERCEPTION |
|---|---|---|---|---|---|
| Bottes et souliers chinois en étoffe, brodés ou non.................... | 5o fr. oo | 5o fr. oo | 3 | Les 100 paires | Décret du 29 décemb. 1898 |
| Tabletterie chinoise : peignes, boîtes, crochets en corne, ivoire, os, pipes en bois et tous autres objets similaires ......................... | 75 fr. oo | 35 fr. oo | 4 | 100 k. net | Décrets des 29 décemb. 1898 et 3o juin 1911 |
| Bourses brodées ou non et autres objets semblables, d'origine chinoise...... | 100 fr. oo | 100 fr. oo | 4 | Idem | Décret du 29 décemb. 1898 |
| Eventails en plume ou en étoffe, d'origine chinoise ................... | 5o fr. oo | 5o fr. oo | 4 | 100 k. net | Idem |
| Eventails en feuilles de palmier...... | 5 fr. oo | 5. fr. oo | 3 | 100 k. brut | Idem |
| Eventails en ivoire, nacre, écaille, d'origine chinoise ............... | 5o fr. oo | 5o fr. oo | 4 | 100 k. net | Idem |
| Pinceaux chinois à écrire........... | 10 fr. oo | 10 fr. oo | 3 | 100 k. brut | Idem |
| Allumettes chimiques en bois........ | 54 fr. oo (26) | 54 fr. oo (26) | 5 | 100 k. net | Décret du 10 octobre 1908. |
| Allumettes chimiques autres........ | 62 fr. oo (26) | 62 fr. oo (26) | | 100 k. net | Idem |

(26) Indépendamment des droits de douane, les allumettes chimiques sont assujetties en Indochine à une taxe de consommation de trente-cinq millièmes de piastre (o,o35) par paquet de dix boîtes de 70 allumettes au maximum (arrêté du 27 octobre 1922), elles acquittent en outre une taxe représentative des frais d'exercice de un centième de piastre, par paquet de dix boîtes de 70 allumettes au maximum (arrêté du 7 février 1899). Enfin, elles ont à supporter une taxe de manutention de 3 piastres par caisse (ordre de service du 14 janvier 1909, du Directeur Général des Douanes et Régies de l'Indochine, approuvé le 18 janvier 1909 par le Gouverneur Général de l'Indochine).

# TABLEAU DES DROITS DE DOUANE
## PERÇUS EN INDOCHINE PAR DÉROGATION AU TARIF MÉTROPOLITAIN

## EXPORTATION

*Avis important.* — Les droits qui dans la Métropole frappent certaines marchandises à l'exportation ne sont pas applicables en Indochine s'ils n'ont pas fait l'objet de décrets spéciaux à la colonie. Il en est de même pour les interdictions à la sortie.

| DÉNOMINATION DES PRODUITS | RÉGIME APPLICABLE EN INDOCHINE | UNITÉS SUR LESQUELLES PORTENT LES DROITS | TITRES DE PERCEPTION | OBSERVATIONS |
|---|---|---|---|---|
| **CHAPITRE I<sup>er</sup>** **ANIMAUX VIVANTS (1)** | | | | (1) Dans tous les ports de la Cochinchine et du Tonkin par lesquels l'exportation du bétail est autorisée, un droit de visite sanitaire est perçu en ce qui concerne les animaux des espèces équine, asine, et leurs dérivés, bovine, bubaline, ovine, caprine et porcine destinés à cette exportation. Ce droit de visite est fixé comme suit : chevaux, ânes, mulets : une piastre par tête; bovins et bubalins, cinquante centièmes de piastre par tête; ovins, caprins et porcins, jusqu'à 6 têtes de chaque espèce inclus, dix centièmes de piastre par tête; au-dessus de 6 têtes de chaque espèce, cinq centièmes de piastre par tête. Les droits seront réduits de moitié lorsque la visite du vétérinaire portera sur des groupements de 50 têtes (espèces bovine et bubaline) ou de six têtes seulement (autres espèces) appartenant au même propriétaire. L'espèce chevaline est exceptée de ces dispositions et sera dans tous les cas taxée à plein tarif, ainsi que les ânes et les mulets (arrêtés du 14 décembre 1919 du Gouverneur Général, pour la Cochinchine et du 20 juin 1919 du Résident Supérieur au Tonkin, pour le Tonkin). |
| Chevaux et poulains..... | 20 fr. 00 | Tête | Décret du 10 octobre 1908. | Les droits de visite sanitaire sont fixés pour l'Annam ainsi qu'il suit : |
| Bœufs, vaches, taureaux, veaux............... | 5 fr. 00 | Idem | Idem | Espèce chevaline : une piastre par tête. |
| Buffles et bufflesses...... | 20 fr. 00 | Idem | Idem | Espèces bovine et bubaline : jusqu'à 50 têtes visitées le même jour et appartenant au même exportateur : soixante centièmes de piastre par tête. |
| Porcs.................... | 2 fr. 00 | Idem | Idem | Au-dessus de 50 têtes : trente centièmes de piastre par tête. |
| Cochons de lait au-dessous de 15 kilogrammes.... | 1 fr. 50 | Idem | Idem | Espèces ovine, caprine et porcine : |
| Eléphants.............. | 500 fr. 00 | Idem | Idem | Jusqu'à 50 têtes (à l'exception des ports de Nha-Trang, Hone-Cohé et Phanrang pour lesquels les droits seront de seize centièmes de piastre pour Nhatrang et vingt-quatre centièmes de piastre pour Hone-Cohé et Phanrang) : vingt centièmes de piastre par tête. |
| Autres animaux vivants (2) | Exempts | » | Idem | Au-dessus de 50 têtes (à l'exception des ports de Nha-Trang, Hone-Cohé et Phanrang, pour lesquels les droits seront de huit centièmes de piastre pour Nha-Trang et douze centièmes de piastre pour Hone-Cohé et Phanrang) : dix centièmes de piastre par tête (arrêté du 10 décembre 1919 du Résident Supérieur en Annam). |
| **CHAPITRE II** **PRODUITS ET DEPOUILLES D'ANIMAUX (3)** | | | | Les droits de visite sanitaire sont fixés pour le Cambodge ainsi qu'il suit : |
| Soie grège et redévidée (4) | 100 fr. 00 | 100 k. net | Décret du 10 octobre 1908. | Cinquante centièmes de piastre par tête pour les pays étrangers et pour les animaux des espèces équine, asine et leurs dérivés, bovine et bubaline; vingt centièmes de piastre pour les pays de l'Union Indochinoise; vingt centièmes de piastre par tête pour les pays étrangers et pour les animaux des espèces porcine, ovine et caprine; dix centièmes de piastre pour les pays de l'Union Indochinoise. |
| Bourres de soie, cocons, frisons, déchets de soie. | 15 fr. 00 | 100 k. brut | Idem | |
| Nids d'hirondelles....... | 600 fr. 00 | 100 k. net | Idem | |
| Autres produits non dénommés............. | Exempts | » | Idem | |
| **CHAPITRE III** **PECHES** | | | | |
| Poissons frais de toutes espèces................. | 1 fr. 00 | 100 k. brut | Décrets des 10 octobre 1908 et 18 février 1909. | |

| DÉNOMINATION DES PRODUITS | RÉGIME APPLICABLE EN INDOCHINE | UNITÉS SUR LESQUELLES PORTENT LES DROITS | TITRES DE PERCEPTION | OBSERVATIONS |
|---|---|---|---|---|
| Poissons secs, fumés ou salés de toutes espèces.... | 2 fr. 00 | 100 k. brut | Décret du 10 octobre 1908. | D'une manière générale, les droits de visite sanitaire ne sont pas perçus et la visite n'a pas lieu si le bétail est exporté à destination d'un pays dont les autorités n'exigent pas au débarquement la présentation d'une pièce officielle sanitaire délivrée par les autorités indochinoises (arrêté du 12 juin 1929 du Gouverneur Général de l'Indochine).<br>La ville de Phnom-Penh a été autorisée à percevoir à son profit une taxe représentative **des frais de gardiennage**, de transit et de surveillance sanitaire fixée à 2 piastres par tête d'animal des espèces bubaline; 1 piastre 50 par tête d'animal des espèces bovine et chevaline, et soixante centièmes de piastre par tête d'animal des espèces porcines exportés par le port de Phnom-Penh (arrêté du 29 août 1922).<br>Il n'est pas exercé de visite sanitaire au Laos où le service vétérinaire n'existe encore que théoriquement. L'immatriculation des animaux appartenant aux espèces chevaline, bovine ou bubaline exportés du Laos est, par contre, obligatoire. La taxe d'immatriculation est de vingt-cinq centièmes de piastre par tête (arrêté du 2 mai 1929 du Gouverneur Général de l'Indochine).<br>**Tonkin, Annam, Laos.** — L'exportation hors de ces territoires des femelles des espèces bovine et bubaline et des mâles et hongres de ces espèces âgés de moins de cinq ans est interdite. L'abattage des femelles des mêmes espèces en vue de l'exportation à l'état de viande fraîche, en boîtes ou conservée, est également interdit; il en est de même de l'exportation sous la même forme des mâles et hongres des mêmes espèces âgés de moins de cinq ans, sauf en ce qui concerne les veaux ou buffles âgés de moins de vingt mois.<br>Les restrictions qui précèdent ne sont pas applicables, en ce qui concerne l'âge, le sexe et le contingentement des animaux abattus ou exportés, au bétail des industriels et colons ayant fait reconnaître par l'administration des entreprises spéciales d'élevage.<br>L'exportation de ces animaux vivants ou morts n'est autorisée que par certains points déterminés de la frontière (arrêtés du Gouverneur Général du 30 décembre 1919, pour le Tonkin, du 28 août 1919 et du 30 décembre 1921 pour l'Annam et du 8 janvier 1920 pour le Laos).<br>**Cambodge.** — L'abattage au Cambodge et l'exportation de ce pays des animaux femelles des races bovine et bubaline âgés de moins de neuf ans sont interdits (arrêté du 29 novembre 1907 du Gouverneur Général).<br>**Cochinchine.** — Il est interdit d'exporter les animaux de l'espèce bubaline quel que soit leur âge provenant de la Cochinchine ou acquis dans ce pays. Pourront seuls être exportés les animaux de cette catégorie en transit provenant d'autres pays de l'Union Indochinoise, sous réserve qu'ils soient accompagnés d'un certificat d'origine et que l'exportation hors du pays dont ils sont originaires soit autorisée.<br>Il est également interdit d'exporter par les ports de Cochinchine : 1° les femelles des espèces bovine et bubaline sans exception; 2° les taureaux et buffles âgés de moins de cinq ans; 3° les viandes provenant des animaux de l'espèce bubaline ou des femelles de l'espèce bovine sans exception; 4° les viandes provenant des mâles et hongres de l'espèce bovine âgés de moins de cinq ans, exception faite pour les viandes provenant de veaux âgés de moins de 20 mois.<br>L'exportation par les frontières de terre des chiens de forte race, interdite en France, est libre en Indochine.<br>Voir au chapitre précédent les restrictions d'ordre local concernant le bétail exporté à l'état de viande fraîche, en boîtes ou conservée. |
| Pâtes de poissons, saumures, etc.... | 1 fr. 50 | Idem | Idem | |
| Crevettes sèches, bêches de mer, ailerons de requins, algues marines......... | 1 fr. 50 | Idem | Idem | |
| Graisses et huiles de poissons .............. | 1 fr. 50 | Idem | Idem | |
| Autres produits non dénommés ............. | Exempts | » | Idem | |
| **CHAPITRE IV**<br>**SUBSTANCES ANIMALES BRUTES PROPRES A LA MÉDECINE ET A LA PHARMACIE** | | | | |
| Tous produits ............. | Exempts | » | Idem | |
| **CHAPITRE V**<br>**MATIÈRES DURES A TAILLER** | | | | |
| Tous produits.... ....... | Exempts | » | Idem | |
| **CHAPITRE VI**<br>**FARINEUX ALIMENTAIRES** | | | | |
| Paddy et riz cargo renfermant plus de 33 % de paddy.............. | 3,04 (5) | 100 k. brut | Décret du 22 mars 1923. | |
| Riz cargo renfermant moins de 33 % de paddy..... | 1,68 (5) | Idem | Idem | |
| Riz blanc ... | 1,28 (5) | Idem | Idem | |
| Farines et brisures de riz. | 0,12 (5) | Idem | Idem | |
| Autres produits non dénommés ............. | Exempts | » | Idem | |
| **CHAPITRE VII**<br>**FRUITS ET GRAINES** | | | | |
| Anis étoilé ............. | 50 fr. 00 | 100 k. brut | Décrets des 10 octobre 1908 et 18 février 1909. | |
| Autres produits non dénommés ............. | Exempts | » | Décret du 10 octobre 1908. | |

| DÉNOMINATION DES PRODUITS | RÉGIME APPLICABLE EN INDOCHINE | UNITÉS SUR LESQUELLES PORTENT LES DROITS | TITRES DE PERCEPTION | OBSERVATIONS |
|---|---|---|---|---|
| **CHAPITRE VIII**<br>**DENRÉES COLONIALES DE CONSOMMATION** | | | | |
| Sucre blanc............ | 5 fr. 00 | 100 k. brut | Décrets des 10 octobre 1906 et 18 février 1909. | |
| Sucre brut............ | 2 fr. 00 | Idem | Décret du 10 octobre 1908. | |
| Déchets, mélasses et cannes à sucre fraîches.... | 1 fr. 00 | Idem | Idem | |
| Amomes et cardamomes.. | 10 fr. 00 | Idem | Idem | |
| Cannelle............ | 120 fr. 00 | 100 k. net | Idem | |
| Autres produits non dénommés (6)........ | Exempts | » | Idem | |
| **CHAPITRE IX**<br>**HUILES ET SUCS VÉGÉTAUX** | | | | |
| Essence de badiane....... | 200 fr. 00 | 100 k. net | Décret du 10 octobre 1908. | |
| Gomme-laque et stick laque | 10 fr. 00 | 100 k. brut | Idem | |
| Huiles à laquer.......... | 35 fr. 00 | 100 k. brut | Idem | |
| Opium (7)........... | Prohibé | » | Décret du 23 juin 1922. | |
| Autres produits non dénommés............ | Exempts | | Décret du 10 octobre 1908. | |
| **CHAPITRE X**<br>**ESPÈCES MÉDICINALES** | | | | |
| Tous produits............ | Exempts | » | Idem | |
| **CHAPITRE XI**<br>**BOIS** | | | | |
| Charbon de bois........ | 0 fr. 20 | 100 k. brut | Idem | |
| Autres produits non dénommés............ | Exempts | » | Idem | |
| **CHAPITRE XII**<br>**FILAMENTS, TIGES ET FRUITS À OUVRER** | | | | |
| Coton brut............ | 5 fr. 00 | 100 k. brut | Idem | |
| Coton égrené.......... | 3 fr. 00 | Idem | Idem | |
| Autres produits non dénommés............ | Exempts | » | Idem | |

**OBSERVATIONS**

1° Jusqu'au 31 décembre 1925 toutes les sortes [de sucres glacés?] ... à l'exportation, provenant du Cambodge et expédiés sur la France et les Colonies françaises bénéficie d'une prime ainsi établie au kilogramme :

Une piastre pour chacune des années 1922 et 1923.

Quatre-vingt centièmes de piastre pour l'année 1924.

Soixante centièmes de piastre pour l'année 1925.

Et trente centièmes de piastre pour l'année 1926.

2° Indépendamment des droits de douane à l'exportation, les riz, paddys, brisures et brisures de riz acquittent une taxe représentative de l'impôt foncier fixée par arrêté du 31 mars 1921 et dont la quotité, variable selon l'état dans lequel les produits sont présentés, est la suivante :

Paddy et riz cargo contenant plus de 35 % de paddy, 24 centièmes de piastre par 100 kilos.

Riz cargo contenant moins de ... de paddy, 30 centièmes de piastre par 100 kilos.

Riz blanc, 36 centièmes de piastre par 100 kilos.

Brisures, 18 centièmes de piastre par 100 kilos.

Farines, 18 centièmes de piastre par 100 kilos.

Les riz, paddys et farines exportés par le port de Saïgon sont, en outre, frappés d'une taxe de statistique fixée par arrêté du 28 juin 1922 aux quotités suivantes :

Riz, par 100 kilos, 5 centièmes de piastre.

Paddy et farines, par 100 kilos, 5 centièmes de piastre.

Les brisures demeurent exemptes de ces taxes.

Enfin, les riz et dérivés du riz sont assujettis à la taxe de statistique qui s'élève à quatre centièmes de piastre par tonne métrique de 1.000 kilos ou par mètre cube pour les marchandises en vrac et à deux centièmes de piastre pour les marchandises en futailles, caisses, sacs ou autres emballages (arrêtés des 21 décembre 1917 et 11 mars 1920).

Les restrictions d'ordre local actuellement en vigueur sont les suivantes :

**Cochinchine.** — Pas de restrictions spéciales.

**Cambodge.** — Pas de restrictions spéciales.

**Laos.** — L'exportation des riz, des paddys et de leurs dérivés provenant des provinces d'Attopeu et de Bassac, destinés aux autres provinces du Laos, au reste de l'Indochine, à la Métropole et aux pays étrangers est interdite (arrêté du 27 septembre 1919). Toutefois, l'exportation des riz, paddys et dérivés récoltés dans la province d'Attopeu et destinés à l'approvisionnement de la province cambodgienne du Stung-Treng est autorisée (arrêté du 13 avril 1920).

**Annam.** — Pas de restrictions spéciales.

**Tonkin.** — Pas de restrictions spéciales.

6° Parmi les « autres produits non dénommés » du chapitre VIII figurent les poivres. Un décret du 24 mai 1922 a fixé à 750 tonnes pour la Cochinchine et à 2.000 tonnes pour le Cambodge les quantités de poivres admises annuellement en France au bénéfice de la détaxe coloniale pendant les années 1922, 1923 et 1925. Les poivres appelés à bénéficier de cette détaxe doivent être accompagnés de certificats d'origine spéciaux établis par la douane du port de Saïgon.

(7) La sortie, la réexportation après mise en entrepôt ou dépôt, le transit et le transbordement de l'opium et des produits opiacés, sont prohibés à destination des pays autres que la France, sauf dérogations accordées par le Gouverneur Général sur le vu d'une licence délivrée par le Gouvernement du pays importateur (décret du 23 juin 1922).

8° L'exportation ou la réexportation, à des-

| DÉNOMINATION DES PRODUITS | RÉGIME APPLICABLE EN INDOCHINE | UNITÉS SUR LESQUELLES PORTENT LES DROITS | TITRES DE PERCEPTION | OBSERVATIONS |
|---|---|---|---|---|
| **CHAPITRE XIII**<br>**TEINTURES ET TANINS** | | | | tination des pays autres que la France, les colonies françaises et les pays de protectorat français des marchandises suivantes : or, platine et argent, bruts en masses, lingots, barres, poudre, objets détruits, est subordonnée à l'obtention d'une autorisation d'exportation délivrée par le Ministre des Colonies (décret du 9 juillet 1921). |
| Cunao................. | 1 fr. 00 | 100 k. brut | Décret du 10 octobre 1908 | |
| Autres produits non dénommés......... .... | Exempts | » | Idem | |
| **CHAPITRE XIV**<br>**PRODUITS ET DECHETS DIVERS** | | | | |
| Tous produits.......... | Exempts | » | Idem | |
| **CHAPITRE XV**<br>**BOISSONS** | | | | |
| Tous produits.......... | Exempts | » | Idem | |
| **CHAPITRE XVI**<br>**MARBRES, PIERRES, TERRES, COMBUSTIBLES MINERAUX, etc.** | | | | (9) Les combustibles extraits en Indochine et les produits industriels dérivés, les minerais extraits en Indochine et les produits d'enrichissement de ces minerais par des procédés physiques, métallurgiques ou chimiques, les métaux, étain, or et argent, à l'exception de tous autres, sont passibles, lorsqu'ils ne sont pas consommés en Indochine des taxes indiquées ci-dessous : |
| Tous produits (9)......... | Exempts | » | Idem | Charbon menu et tout venant, 4 centièmes de piastre par tonne (0 p. 04). |
| **CHAPITRE XVII**<br>**METAUX (S)** | | | | Charbon cribé ou calibré, 10 centièmes de piastre, par tonne (0 p. 10).<br>Agglomérés, cokes et mélanges de charbons dans la composition desquels entre du charbon extrait en Indochine, 10 centièmes de piastre par tonne (0 p. 10). |
| Tous produits (9) (9 bis).. | Exempts | » | Idem | Minerais d'étain et minerais de wolfram, 15 piastres par tonne (15 p.).<br>Tous autres minerais bruts ou leurs produits d'enrichissement, une piastre par tonne (1 p.).<br>Etain métal, trente piastres par tonne.<br>Or en lingots (quel qu'en soit le titre), 10 piastres par kilogramme (10 p.).<br>Argent en lingots (quel qu'en soit le titre), 50 centièmes de piastre par kilogramme (0 p. 50). |
| **CHAPITRE XVIII**<br>**PRODUITS CHIMIQUES** | | | | |
| Tous produits (10)....... | Exempts | » | Idem | Toutefois, le Gouverneur Général peut, par des arrêtés spéciaux, valables pour trois ans au plus, mais renouvelables, réduire les taxes frappant des minerais, des produits d'enrichissement ou des métaux déterminés (décret du 23 novembre 1918). |
| **CHAPITRE XIX**<br>**TEINTURES PREPAREES** | | | | Pour favoriser la création d'usines métallurgiques de fer, de plomb et zinc dans la colonie, le décret du 23 novembre 1918 a exonéré de tous droits les métaux autres que l'or, l'argent et l'étain. |
| Tous produits............ | Exempts | » | Idem | (9 bis) L'exportation des minerais d'urane (pechblende) à destination des pays autres que la France, les colonies et pays de protectorat est prohibée (décret du 6 août 1922). |
| **CHAPITRE XX**<br>**COULEURS** | | | | (10) La sortie, la réexportation après mise en entrepôt ou dépôt, le transit ou le transbordement de l'opium et des produits opiacés, morphine, coraïne et leurs sels respectifs, sont prohibés à destination des pays autres que la France, sauf dérogation délivrée par le Gouverneur Général sur le vu |
| Tous produits.......... | Exempts | » | Idem | d'une licence délivrée par le Gouvernement du pays importateur. (Décret du 23 juin 1922). |
| **CHAPITRE XXI**<br>**COMPOSITIONS DIVERSES** | | | | L'exportation des préparations dites : « anti-opium » est interdite (décret du 16 juillet 1919). |
| Tous produits........ .... | Exempts | » | Idem | |

| DÉNOMINATION DES PRODUITS | RÉGIME APPLICABLE EN INDOCHINE | UNITÉS SUR LESQUELLES PORTENT LES DROITS | TITRES DE PERCEPTION | OBSERVATIONS |
|---|---|---|---|---|
| **CHAPITRE XXII**<br>POTERIES | | | | |
| Tous produits........... | Exempts | » | Décret du 10 octobre 1908. | |
| **CHAPITRE XXIII**<br>VERRES ET CRISTAUX | | | | |
| Tous produits........... | Exempts | » | Idem | |
| **CHAPITRE XXIV**<br>FILS | | | | |
| Tous produits........... | Exempts | » | Idem | |
| **CHAPITRE XXV**<br>TISSUS | | | | |
| Tous produits........... | Exempts | » | Idem | |
| **CHAPITRE XXVI**<br>PAPIERS (11) | | | | (11) L'exportation ou la réexportation, à destination des pays autres que la France, les colonies françaises et les pays de protectorat français des Papiers représentatifs de la monnaie et des monnaies d'or, d'argent, de cuivre et de billon, est subordonnée à l'obtention d'une autorisation d'exportation délivrée par le Ministre des Colonies (décret du 9 juillet 1921). |
| Contrefaçons en librairie.. | Prohibées | » | Loi du 11 novembre 1892. | |
| Autres produits non dénommés.............. | Exempts | » | Décret du 10 octobre 1908. | |
| **CHAPITRE XXVII**<br>PEAUX ET PELLETERIES OUVRÉES | | | | |
| Tous produits........... | Exempts | » | Idem | |
| **CHAPITRE XXVIII**<br>OUVRAGES EN MÉTAUX (11) | | | | (12) L'exportation hors d'Annam des sapèques de toutes catégories est interdite (arrêté du 30 décembre 1919 du Gouverneur Général de l'Indochine).<br>(13) L'exportation de toutes armes de guerre, des pièces d'armes de guerre et des munitions de guerre à destination de la Chine et des pays limitrophes de la Chine est prohibée, sauf les exceptions qui pourront être autorisées sous des conditions déterminées par le Ministre des Finances, après entente avec le Ministre des Affaires étrangères.<br>L'exportation des objets ci-dessus visés pour toutes autres destinations est autorisée dans les conditions fixées par la loi du 14 août 1885 et sous réserve de garanties indiquées dans un décret du 8 novembre 1919.<br>Voir les arrêtés du 21 décembre 1920 du Gouverneur Général, relatifs à l'exportation ou la réexportation des armes d'escrime à destination des pays limitrophes de l'Indochine et aux demandes d'achat d'armes et de munitions à destination des mêmes pays. |
| Tous produits (12)........ | Exempts | » | Idem | |
| **CHAPITRE XXIX**<br>ARMES, POUDRES ET MUNITIONS | | | | |
| Armes de guerre (13)...... | Exemptes | » | Idem | |
| Munitions de guerre (13) | Exemptes | » | Idem | |
| Autres produits non dénommés.........../.... | Exempts | » | Idem | |

| DÉNOMINATION DES PRODUITS | RÉGIME APPLICABLE EN INDOCHINE | UNITÉS SUR LESQUELLES PORTENT LES DROITS | TITRES DE PERCEPTION | OBSERVATIONS |
|---|---|---|---|---|
| **CHAPITRE XXX**<br>**MEUBLES**<br>Tous produits............ | Exempts | » | Décret du 10 octobre 1908. | |
| **CHAPITRE XXXI**<br>**OUVRAGES EN BOIS**<br>Tous produits............ | Exempts | » | Idem | |
| **CHAPITRE XXXII**<br>**INSTRUMENTS DE MUSIQUE**<br>Tous produits............ | Exempts | » | Idem | |
| **CHAPITRE XXXIII**<br>**OUVRAGES DE SPARTERIE ET DE VANNERIE**<br>Tous produits............ | Exempts | » | Idem | |
| **CHAPITRE XXXIV**<br>**OUVRAGES EN MATIÈRES DIVERSES (14)**<br>Tous produits............ | Exempts | » | Idem | (14) L'exportation des bâtiments de mer est prohibée (décrets du 13 octobre et 15 décembre 1921). |

# Tableau des Pays bénéficiant en Indochine de Tarifs plus favorables que le Tarif général [1]

*1° Pour la totalité des produits repris au tarif minimum :*

Belgique, Colombie, Danemark (y compris l'Islande et les îles Feroë, considérées comme dépendances européennes du Danemark), Égypte, Equateur, Grande-Bretagne (y compris l'Irlande et les îles de Jersey, Guernesey et Aurigny), Grèce (y compris la Crète), Luxembourg, Maroc, Mexique, Monténégro, Norvège, Paraguay, Pays-Bas, Perse, République Argentine, République Dominicaine, Russie, Suède, Suisse, Turquie (pour les produits de Samos, Chio, Rhodes, Mithylène, Chypre et autres îles asiatiques de la Turquie, ainsi que de Bassorah et des territoires de la Palestine et de la Syrie occupés par les Alliés), Uruguay.

*2° Pour une partie seulement des produits inscrits au tarif minimum et au tarif général antérieur au 28 mars 1921*

| PRODUITS AUXQUELS EST LIMITÉ LE BÉNÉFICE DU TARIF | DÉSIGNATION DES PAYS |
|---|---|
| Denrées coloniales autres que le sucre et ses dérivés, les tabacs et le cacao.<br>Produits divers inscrits au décret du 12 mars 1921.<br>Produits divers inscrits à la loi du 29 mars 1910 et aux décrets des 29 mars 1910 et 4 avril 1910. Les droits du tarif général antérieur au 29 mars 1910 continuent en outre à être appliqués en vertu des mêmes textes à certains produits et marchandises originaires des pays désignés ci-contre.<br>Produits divers inscrits au décret du 11 juillet 1922. Les droits du tarif général avec un pourcentage de réduction sont, d'autre part, applicables à certains produits en vertu du même décret.<br>Produits divers inscrits au décret du 27 juillet 1922. Les droits du tarif général avec un pourcentage de réduction sont, d'autre part, applicables à certains produits en vertu du même décret. | Brésil.<br>Canada.<br>Etats-Unis de l'Amérique du Nord et île de Porto-Rico.<br>Espagne, Iles Baléares, Iles Canaries et possessions espagnoles.<br>Esthonie. |
| Denrées coloniales autres que le sucre et ses dérivés et que les tabacs. | Antilles danoises, Barbade (île de la), Ceylan (île de), Chine, Colonies néerlandaises, Congo (Etat indépendant du), Corée, Etablissements anglais des Détroits (île de Singapore, province de Malacca et des Dindings, île de Poulo-Pinang et province de Wellesley), Etats fédérés Malais (Jelebu, Johore, Pahang, Perak, Selangar et Sungei-Ujong), Ethiopie, Honduras (République du), Hong-Kong (colonie de), Indes anglaises et Etats indigènes assimilés (Travancore, Cochin, Sachin, Janjira, Cambay, Cutch, Baroda, Junaghad, Navnagar, Bhavnagar, Porbander, Morvi, Jafrabad), Jamaïque (la), Libéria (République de), Mascate, Protectorats britanniques de l'Est Africain, du Centre Africain et de l'Ouganda, Seychelles (îles), Siam, Zanzibar (Sultanat de). |
| Fruits de table confits ou conservés autres : ananas; cire de lignite, paraffine, extraits de noix de galle et de sumac, de châtaigniers et autres extraits tannants, liquides ou concrets, tirés des végétaux; extraits de quebracho liquides, extraits de quebracho concrets. | Indes et Etats indigènes assimilés, Etablissements des Détroits, Bornéo; Afrique du Sud. |

(1) Le tarif minimum ne joue pas pour les articles qui sont repris aux rubriques du tarif spécial à l'Indochine.

| PRODUITS AUXQUELS EST LIMITÉ LE BÉNÉFICE DU TARIF MINIMUM | DÉSIGNATIONS DES PAYS |
|---|---|
| Produits divers inscrits au tableau B annexé au décret du 4 mai 1923. | Guatemala. |
| Voir décret du 26 novembre 1922. | Italie. |
| Produits repris aux listes annexées au décret du 20 juillet 1921. | Finlande. |
| Café, cacao, poivre, piment, amomes et cardamomes, cannelle, cassia lignea, muscades, macis; girofle, vanille, huiles de palme, de coco, de toulouconna, d'illipé, de palmiste, de ricin, de pulghère et huiles assimilées, baumes, caoutchouc, bois de toutes essences et indigo. | Nicaragua (République du). |
| Produits divers inscrits au décret du 19 juin 1922. Les droits du tarif général avec un pourcentage de réduction, sont d'autre part applicables à certains produits en vertu du même décret. | Pologne. |
| Denrées coloniales (autres que le sucre et ses dérivés et que les tabacs), indigo, caoutchouc brut, bananes et huiles fixes pures. | Salvador (République du). |

## TARIF GÉNÉRAL

Le décret du 28 mars 1921 portant relèvement des droits pour les marchandises passibles du Tarif Général n'a été promulgué qu'en partie en Indochine par l'arrêté du 5 juillet 1922.

Les marchandises pour lesquelles l'application du décret du 28 mars 1921 a été différée par cet arrêté du 5 juillet 1922 sont indiquées au tableau ci-dessous :

| NUMÉRO DU TABLEAU DES DROITS | RUBRIQUES | NUMÉRO DU TABLEAU DES DROITS | RUBRIQUES |
|---|---|---|---|
| 33 | Cire brute. | 015 | Acide chlorhydrique ordinaire. |
| 84 | Fruits de table frais. | 062 | Phosphore rouge. |
| 89 | Graines à ensemencer. | 073 | Acide sulfurique. |
| 110 | Huiles fixes pures. | 0131 | Sulfate de fer. |
| 111 | Huiles fixes aromatisées. | 0367 | Quinine et ses sels. |
| 123 | Opium. | 307 | Talc pulvérisé. |
| 142 *bis* | Chanvre peigné. | 319 | Fécules de pommes de terre, maïs et autres. |
| 158 | Légumes frais. | 324 | Colle de poisson, de tendons de baleines et autres similaires. |
| 158 | Légumes salés ou confits. | | |
| 158 | Légumes desséchés. | 331 | Poteries réfractaires en terre commune. |
| 172 | Vinaigres autres que ceux de parfumerie. | 336 et 337 | Autres poteries en terre commune. |
| 172 *ter* | Bière. | 338 | Poteries cuites en grès. |
| 185 | Ciment à prise lente. | 339 | Tuyaux de toutes formes. |
| 185 | Ciment à prise rapide. | 340 | Poteries autres communes de toutes sortes. |
| 199 | Paraffine. | | |
| 199 | Vaseline. | 343 et 344 | Faïence à pâte commune et stannifère. |
| 211 | Fer étamé. | 345 et 346 | Faïences fines et majoliques. |
| 221 | Cuivre pur ou allié de zinc, d'étain, d'aluminium ou de manganèse. | 347 | Porcelaine. |
| 221 | Cuivre doré ou argenté. | 350 | Gobeleterie de verre et de cristal. |
| 222 | Plomb. | 351 | Verres à vitres. |

| NUMÉRO DU TABLEAU DES DROITS | RUBRIQUES | NUMÉRO DU TABLEAU DES DROITS | RUBRIQUES |
|---|---|---|---|
| 359 | Bouteilles, fioles et flacons ordinaires pleins ou vides. | 400 *bis* | Passementerie, rubanerie, lacets. |
| 359 *quinquiès* | Bouteilles à bague percée. | 401 | Tapis ras ou à poils. |
| 363 et 363 *bis* | Fils de lin, de chanvre, de ramie purs. | 402 | Velours et peluches pour ameublement et imitation de fourrures. |
| 365 et 365 *bis* | Fils de jute pur. | 404 à 421 | |
| 366 *bis* | Fils de phormium-tenax, d'abaca ou d'autres végétaux filamenteux non dénommés. | 424 à 426 | Tissus de coton pur ou mélangé. |
| | | 428 à 437 | |
| 367 | Fils polis, ficelles, cordages en chanvre, lin, ramie, jute, etc. | 459 *bis* | Broderies. |
| 368 | Fils de coton pur, simples, écrus, mesurant au kilogramme 61.000 mètres ou moins. | 460 | Vêtements. |
| 369 | Fils de coton pur retors, en échevettes ordinaires, à 4 bouts ou plus, à simple ou double torsion. | 460 *bis* | Cravates, cols-cravates. |
| | Fils de coton pur fabriqués, en pelotes, bobines, etc., à simple ou double torsion. | 460 *ter* | Faux-cols et manchettes, devants et plastrons de chemises. |
| | | 464 | Carton assemblé en boîtes. |
| 379 | Fils de bourre de soie. | 504 à 509 | Horlogerie gros volume. |
| 380 | Fils de soie à coudre, à broder, à passementerie, mercerie et autres. | 549 | Ciseaux de tailleurs. |
| | | 557 *bis* | Ouvrages en fonte moulée : poteries et autres objets. |
| 394 à 396 | Tissus de jute. | 568 | Articles de ménage et tous articles en fer, en acier ou en tôle noire. |
| 399 | Tresses en fils de jute. | 569 | Moulins à café, articles d'économie domestique, presse-viande. |
| 400 | Semelles en fils de jute. | 572 | Chaudronnerie de cuivre. |
| | | 574 | Articles de lampisterie et de ferblanterie ouvragés. |
| | | 575 | Autres objets non dénommés. |

N. B. Les graines à ensemencer, l'opium, le chanvre peigné, la bière, les fils de coton pur simples, écrus (jusqu'à 41.000 mètres au kilogramme), les fils de soie à broder, les tissus de jute, semelles en fils de jute, passementerie, rubanerie de jute, tapis ras ou à poils en jute, velours et peluches pour ameublement et imitation de fourrures en jute étant assujettis en Indochine aux droits du tarif spécial, la promulgation du décret du 28 mars 1921 aurait été inopérante pour ces différentes rubriques.

---

# DROITS ET TAXES ACCESSOIRES DE DOUANE

## DROIT DE STATISTIQUE

Le droit de statistique est dû sur les marchandises de toute nature et de toute provenance importées en Indochine ou exportées de l'Indochine pour quelque destination que ce soit.

Le droit de statistique est perçu à raison de :

Quatre centièmes de piastre par tonne métrique de 1.000 kilogs ou par mètre cube, d'après l'unité de perception inscrite au tarif des douanes, sur les marchandises en futailles, caisses, sacs ou autres emballages.

Quatre centièmes de piastre par tête sur les animaux vivants ou abattus des espèces chevaline, bovine, ovine, caprine et porcine.

Deux centièmes de piastre pour les animaux ou marchandises ayant simplement transité.

La perception n'a lieu qu'une fois, soit à l'entrée, soit à la sortie du territoire pour les animaux ou marchandises ayant simplement transité; les marchandises placées en entrepôt ou en dépôt n'acquittent également le droit qu'une seule fois à l'entrée ou à la sortie.

Un certain nombre de marchandises emballées ne sont taxées qu'à la tonne métrique ou par groupe de colis; le mètre cube est d'autre part substitué parfois à la tonne métrique comme unité de perception pour certaines marchandises en vrac. En général, ces exceptions sont les mêmes en Indochine que dans la Métropole. Il en est de même pour les exemptions (bagages des voyageurs, colis postaux, échantillons sans valeur marchande, houilles pour l'avitaillement des navires, lest, etc., etc.).

La taxe pour le développement du commerce extérieur instituée en France par la loi du 25 août 1919 n'est pas applicable en Indochine.

## DROIT DE TRANSIT

Il est accordé une détaxe de 80 % sur les droits d'importation pour les marchandises étrangères transitant à travers l'Indochine française. Cette détaxe ne joue pour le pourcentage indiqué qu'autant que les traités et conventions conclus entre la France et les pays limitrophes de l'Indochine ne contiennent pas de dispositions contraires.

La détaxe joue sur les droits d'importation antérieurs à la mise en vigueur en Indochine des décrets du 28 mars 1921 et subséquents.

## SURTAXES D'ENTREPOT

Les surtaxes d'entrepôt établies par l'article 2 de la loi du 11 janvier 1892 et applicables aux produits d'origine extra-européenne importés d'un pays d'Europe ne sont pas perçues en Indochine (décret du 29 novembre 1892).

# JUSTIFICATIONS D'ORIGINE

*Marchandises venant de France.* — Pendant la durée des hostilités, le Service des Douanes de l'Indochine, tenant compte des perturbations apportées dans le fonctionnement des services de transit de la Métropole par la mobilisation générale, avait accordé au commerce de larges tolérances quant à l'obligation de produire des pièces justificatives de l'origine des marchandises provenant de France.

Des instructions viennent d'être données aux bureaux de visite de la colonie pour que les importateurs soient invités à justifier, comme par le passé, de l'origine des marchandises importées de France, à l'aide d'un passavant levé au port d'embarquement (pour les marchandises françaises exemptes de droits de sortie en France) ou d'un acquit-à-caution (pour les marchandises étrangères qui n'auraient fait que transiter à travers la France sans acquitter les droits d'importation et pour les marchandises françaises ou étrangères passibles en France de droits de sortie ou de taxes de consommation). D'autre part, les marchandises doivent toujours faire l'objet d'une inscription au manifeste douanier du navire importateur.

Il appartient aux négociants et industriels de l'Indochine d'exiger de leurs correspondants dans les ports l'accomplissement de toutes les formalités en douane au départ de la marchandise. L'oubli de ces formalités peut entraîner l'application du tarif ou, si le destinataire accepte de passer une soumission, des retards et complications qu'il est facile d'éviter en observant les règlements en vigueur.

Lorsque le passavant ou l'acquit à caution ne peuvent être représentés parce qu'ils ont été égarés, perdus ou détruits, les expéditeurs peuvent se faire délivrer par les Chambres de Commerce françaises des certificats d'origine. Mais, pour être valables, ces certificats doivent être visés par la Douane du port d'embarquement, mentionner le numéro et la date des passavants délivrés et porter attestation par la douane métropolitaine que les dits certificats se rapportent aux marchandises figurant sur les passavants. Ils contiendront, en outre, toutes les indications susceptibles de permettre l'identification des colis à l'arrivée.

En résumé, des délais pour la justification de l'origine ne peuvent être utilement accordés aux importateurs que dans le cas où les pièces réglementaires établies au port d'embarquement ne sont pas parvenues pour un motif quelconque (retard, perte, etc.), au port de destination. En ce cas seulement, la douane française peut être appelée à délivrer l'attestation que les formalités réglementaires avaient bien été accomplies en temps utile.

*Marchandises venant de l'étranger.* — Lorsqu'il s'agit de marchandises provenant, directement ou non, d'un pays qui ne bénéficie pas du tarif minimum à l'entrée en Indochine, aucune justification de l'origine n'est exigible. Pour les marchandises provenant des pays admis au bénéfice du tarif réduit, un certificat d'origine, visé par le Consul de France du lieu de production, peut être exigé par la douane du port de destination quand le simple examen ne permet pas de déterminer, sans doute possible, la nationalité d'origine.

*Transport direct.* — Dans tous les cas où un régime de faveur est demandé pour une marchandise en raison de son origine, le transport direct est de règle. Toutefois, les marchandises d'Alsace, de Lorraine et de la Sarre exportées via Strasbourg et Anvers à destination des colonies et autres établissements français d'outremer ne perdent pas le bénéfice de leur origine. Il en est de même pour les marchandises provenant des colonies et acheminées inversement par la même voie à destination de l'Alsace, de la Lorraine et de la Sarre. Mais cette dérogation n'est licite qu'autant que le transport maritime des marchandises serait dans l'un et l'autre cas effectué sous pavillon français, et que la voie fluviale serait seule utilisée dans le trajet Anvers-Strasbourg ou inversement.

# Régime applicable

*aux produits de l'Indochine, importés directement en France et accompagnés des justifications d'origine réglementaires*

| Nᵒˢ | NATURE DES PRODUITS | DROITS APPLICABLES | OBSERVATIONS |
|---|---|---|---|
| 90 | Sucres bruts destinés au raffinage........................... | 5o fr. oo | Les 100 k. net de sucre raffiné. |
| 90 | Sucres bruts autres........................................ | 5o fr. oo | Par 100 k. (poids net effectif). |
| 90 | Sucres raffinés et agglomérés, autres que candis.............. | 5o fr. oo | Idem |
| 90 | Sucres raffinés et agglomérés, candis........................ | 53 fr. 5o | Idem |
| 92 | Mélasses autres que pour la distillation ayant en richesse : saccharine absolue, 5o % ou moins.................................... | 19 fr. 5o (1) | Par 100 k. |
|  | plus de 5o %..................................... | 4o fr. 9o (1) | Idem |
| 93 | Sirops, bonbons, fruits confits au sucre...................... | 5o fr. oo (1) | Idem |
| 94 | Biscuits sucrés .......................................... | 25 fr. oo (1) | Idem |
| 95 | Confitures au sucre ou au miel.............................. | 25 fr. oo (1) | Idem |
| 99 | Poivres (2) .............................................. | 208 fr. oo (3) | 100 k. net |
| — | Produits coloniaux non spécifiés ci-dessus.................... | Exempts | » |
| — | Produits d'origine étrangère réexportés de l'Indochine et importés en France.................................................... | Droits du tarif métropolitain (4) | » |

*Nota.* — Les tabacs de l'Indochine ne peuvent être introduits en franchise que pour le compte des manufactures de l'Etat; en dehors de cette destination, ils demeurent passibles des conditions du tarif général. Les allumettes chimiques, les bois préparés pour allumettes et la saccharine sont également soumis aux conditions de ce tarif.

(1) Non compris la taxe de raffinage de 2 francs par 100 kilos.

(2) La détaxe de 104 francs sur le droit des poivres étrangers (312 f. T. M.) acquise aux poivres de l'Indochine, ne joue que jusqu'à concurrence d'un crédit annuel fixé par décret tous les trois ans, soit 2.500 tonnes (Cambodge : 2.000; Cochinchine : 500) pour les années 1922, 1923 et 1924.

(3) Non compris la taxe intérieure de 208 francs par 100 kilos.

(4) Les denrées coloniales d'origine étrangère importées en France dans ces conditions y seraient admises sous déduction des taxes spéciales qu'elles auraient acquittées dans la colonie. Les autres marchandises acquittent les droits du tarif métropolitain sans préjudice de ceux qu'elles ont pu acquitter en Indochine.